ESCRIBE TU PROPIO LIBRO ILUSTRADO

CREADO POR ®GRETE GARRIDO

INSTRUCCIONES

COMIENZA OBSERVANDO TODAS LAS ILUSTRACIONES DEL LIBRO Y ECHA A VOLAR TU IMAGINACIÓN. ¿QUÉ PUEDE ESTAR PASANDO EN CADA ESCENA? APUNTA EN UNA HOJA APARTE LOS DIÁLOGOS, LAS DESCRIPCIONES... Y CUANDO LO TENGAS TODO CLARO ¡ESCRIBE TU PROPIO LIBRO!

¿QUIÉN SABE? ¡QUIZÁS ACABAS DE DESCUBRIR TU FUTURA PROFESIÓN! ESCRIBIR ES UNA ACTIVIDAD MARAVILLOSA QUE TE CONECTA CON OTRAS PERSONAS Y AYUDA A DESARROLLAR TU IMAGINACIÓN.

CUANDO LO HAYAS TERMINADO VE AL COMIENZO, DALE TÍTULO A TU HISTORIA ¡Y NO OLVIDES PONER TU NOMBRE! ¡YA ERES OFICIALMENTE UN ESCRITOR!

¡ESTAMOS DESEANDO QUE NOS CUENTES MÁS HISTORIAS!

ESCRITO POR:

FIN